AF359329

EFFET

DU

RÉGLEMENT

D'ÉDUCATION NATIONALE,

Mis à la portée des Mères.

» Mon Père s'imagina qu'il parviendroit à
» resserrer dans un si petit espace, sa Trista-
» pedie, ou le Plan d'Éducation à mon usage;
» que lorsque le manuscrit seroit roulé, il
» pourroit entrer dans le Gros Étui de ma
» Mère. »

Vie & Opinions de Tristam Shandy.

'A GÉNÉRALIF,

1792.

(*) *Tout s'accourcit par le moyen de l'ordre, de la méthode & du tempérament qu'on garde dans les études. Mais la
première faute vient des maîtres qui amusent volontiers un
enfant ; soit par esprit d'intérêt pour toucher plus long temps
leur salaire ; soit par vanité, pour faire croire que ce qu'ils
montrent est fort difficile ; soit aussi parce qu'ils n'entendent
pas la manière d'enseigner, ou qu'ils ne prennent pas la peine
de le faire comme il faut.*

QUINTILIEN, c. 11. L. XII.

M. Defaintpierre , dans la réponfe qu'il me fit , à l'envoi de mon *Réglement d'Éducation nationale* , me dit : » plufieurs de vos idées » m'ont paru de la plus grande confidération, » & vous les exprimez quelquefois de la ma- » nière la plus neuve & la plus frappante ; » telle eft celle-ci : *l'éducation doit être le plus* » *ingénieux des arts , puifqu'elle les renferme* » *tous*.

Mais le plus haut point de confidération, où je puffe porter mon plan , eft de l'avoir rendu fi brief & fi familier qu'il foit à la portée des mè-res ; premier point auquel J. J. Roufleau avoit deftiné fon livre *de l'Éducation*. Sans doute que le trait le plus ingénieux que je puffe trouver étoit de faire un même art du foin du ménage & de celui de l'éducation , puif-qu'elle en eft l'apprentiffage : par là j'évite le reproche de Seneque aux inftituteurs de fon temps , qui étoit de former déja la jeuneffe plutôt pour l'école que pour la vie. C'étoient autrefois les mêmes maîtres, dit Ciceron , qui apprenoient à bien parler & à bien vivre.

Mirabeau , frappé de mon fyftême d'i-mitation de Arts par des Jeux de l'Enfan-ce , & perfuadé que la fimplicité des moyens doit égaler l'importance du fujet , m'em-braffa , & m'invita à paffer une demi jour-

4

née avec lui pour en parler, pénétré, comme il s'exprime dans son Histoire de la Monarchie Pruſſienne, qu'il faut porter la ſcience de l'éducation & de l'inſtruction au point que même des eſprits médiocres ſoient capables de la bien pratiquer. Il exalte à ce ſujet Bazedow d'avoir montré, dans ſa methode d'inſtruction par eſtampes, qu'il ne falloit pas ſe contenter d'enſeigner des mots aux enfans ; qu'on pouvoit mettre des choſes à leur place, ainſi que l'avoit excellemment démontré Rouſſeau ; encore la méthode de Bazedow n'étoit à la portée que d'un ſens, ſe bornant à l'explication de quelques figures ; mais la mienne étoit la pratique même des choſes, dans mes Jeux Artiſtes, conformément à ce grand précepte de l'Émile ; *il faut parler par les actions & ne dire que ce qu'on ne ſauroit faire.*

L'Auteur de cet ouvrage ſublime s'eſt trop écarté lui-même de cette règle, en voulant trop s'en faire accroire, il a trop fait dire au gouverneur. Quoique ſon ſyſtême ſoit vrai, il rend ſa méthode fauſſe & impraticable aux parens, comme il l'avoit prudemment prévu dans ſa préface, où il leur ſupoſe d'ailleurs une volonté oppoſée à la bonne éducation de leurs enfans, & par-là une incapacité & une incompétence décidée pour cela. Il devoit avoir au contraire plus d'égard pour leurs droits & plus de foi dans les inſtrumens des arts & des livres, qu'il

méprife , comme pour tirer toutes les fciences
de la tête du gouverneur (ou pour mieux dire
de la fienne) & laiffer penfer qu'il s'étoit formé
lui-même fans leurs fecours. Mr. Marmontel lui avoit bien dit cependant : *& à qui, Mr.,
n'a-t-on pas dicté fa leçon ? En naiffant favions-
nous la nôtre ?*

M. Detaleyrand nous affure dans fon rapport
fur l'inftruction publique , que depuis les élé-
mens les plus fimples des arts , jufqu'aux principes les plus élevés du droit public & de la
morale ; depuis les Jeux de l'Enfance jufqu'aux
repréfentations théatrales ; tout ce qui agiffant
fur l'ame peut y faire naître & y graver d'utiles ou de funeftes impreffions , eft effentiellement
du reffort de l'inftruction. Enfin Montagne tra-
ce le plan de la nature , en difant : *les Jeux
mêmes & les Exercices feront une bonne partie de
l'étude de notre élève ; la courfe, la lutte, la mufique , la danfe , la chaffe , le maniement des
chevaux & des armes ; un cabinet, un jardin ,
la table , la folitude , la compagnie, le matin &
le vefpre , toutes heures lui feront unes : toutes
places lui feront étude.* » Le moyen de la bonne
» éducation eft de la derniere facilité, c'eft
» de tenir toujours les enfans en haleine, non
» par d'ennuyeufes leçons où ils n'entendent
» rien & qu'ils prennent en haine par cela
» feul qu'ils font forcés de refter en place; mais
» par des Exercices qui leur plaifent en fatif-

» faifant au befoin, qu'en croiffant à leur corps
» de s'agitter, & dont l'agrément pour eux
» ne fe bornera pas là. *J. J. Rouffeau*, *Réfle-*
» *xions fur la réforme du gouvernement de Po-*
» *logne.*

Au Prince JOHN NAMBANA , fils du Roi de ROBANA en Afrique , actuellement à Londres , chez M. Falconbridge , chargé de le faire voyager en Europe.

PRINCE,

Vous avez pris , en arrivant en Europe , nous difent les papiers publics , une fi haute idée de la Science & de la Piété , la plus importante de toutes , que vous regardez , comme une grande jouiffance de pouvoir lire la Bible , que vous appellez le bon livre.

Selon vous auffi , la première fonction parmi les hommes eft celle de Précepteur , d'Inftituteur : vous répétez fouvent que quand vous regnerez fur le Royaume de Robana , après la mort de votre pere , vous voulez être moins le roi que l'inftituteur de votre peuple.

Je me flatte d'augmenter en vous ces inclinations dignes du plus grand Prince , foit par mon Plan d'Éducation , foit par l'Efprit de la Bible qui l'accompagne. Ce dernier ouvrage eft vraiment digne du titre que vous avez donné à nos Saintes Écritures , étant par leur rédaction le Manuel du vrai philofophe ou de l'homme religieux : deux qualités inféparables pour notre bonheur , mais trop défunies jufqu'à nos jours par la fuperftition fille de l'ignorance & mere de l'incrédulité.

Pour preuve qu'avec des lumières mêmes , l'homme peut s'égarer fans le but fuprême de la religion, c'est que le projet de l'*Académie Fran-çoise*, depuis dix ans, de faire un livre de morale à portée de tous les âges, & propre à la *Première Lecture*, a toujours échoué, parce qu'on n'a pas eu l'idée de le puiser dans le bon livre, unique & vrai tréfor de morale que nous ayons.

Pour moi, j'ai voulu, à l'exemple même du *Premier des Auteurs des livres faints*, le *Légiflateur du peuple de Dieu*, prefcrire encore la copie de mes *Extraits de la Bible*, non-feulement aux enfans, mais même aux hommes ; afin de graver dans tous les cœurs les faintes maximes, & rendre par-là non-feulement habile dans la loi de Dieu, mais dans l'art de parler & d'écrire ; fuivant ce que penfoit, de la lecture des auteurs facrés, *Jefus*, fils de *Syrach*, l'auteur de l'*Eccléfiaftique*.

Au refte, je ne me fuis point borné à vouloir inculquer par ce moyen méchanique la première des fciences dans la tête des hommes ; j'ai tâché par de pareils moyens de rendre fenfibles les autres Connoiffances effentielles à la vie. Tels font ceux employés dans mon *Plan d'Éducation*, l'ayant tout fondé en des *Jeux Artiftes*, à la portée des enfans & de la *Direction de leurs Meres*, ou en des *Lectures Élémentaires* auffi fimples que libres, les plus profitables à l'inftruction.

Oui, c'eft par les penchans naturels de l'indépendance & à la fois de l'imitation, qui femble fon contraire, que la nature veut inftruire les enfans, par leurs jeux, des travaux de l'homme : c'eft à feconder ces deux inftincts que je devois donc principalement m'attacher pour faire naître en eux le goût des *Arts* & leur en donner une première idée fenfible , fans laquelle tous les difcours ne font jamais ou long-tems du moins , pour eux , qu'un jargon inintelligible & qu'une dure contrainte.

D'ailleurs , une éducation nationale , pour être telle , doit être ainfi toute méchanique ; afin d'être indépendante des maîtres , & être en tout lieu à la portée de toute forte d'éleves. La feule lecture doit y achever ce que les Jeux d'Imitation des Arts , ou des fimples exercices de famille , auront commencé ; car , fi l'inftruction eft inhérente à la Royauté , felon vous , Grand Prince , à plus forte raifon doit-elle l'être de la Paternité , & fon vrai caractère , comme fa marche naturelle , ne doit être que l'Ordre Domeftique , cadre heureux que je viens de donner à mon plan.

Qu'il me feroit glorieux , ô digne Prince , que vous envoyaffiez d'ici en Afrique des caiffes de mes jeux artiftes pour les faire diftribuer dans tous les lieux de votre Empire , afin d'inftruire vos fujets , jeunes ou vieux , par la même méthode que votre illuftre pere a cru indifpenfable pour vous-même ; mais fans les obliger à quitter leurs demeures , ni avoir befoin d'aucun maître ; tandis qu'ici en France , on n'a fçu imaginer que des Collèges ou des Ecoles pour éloigner les enfans de leur parens & de leurs freres & de tous les modeles de leurs devoirs. (*)

Je m'eftimerois très heureux fi , fecondé par la Nation induftrieufe , chez laquelle la providence

---

(*)» Si les pères , dit M. Defaintpierre , Étud de la Nat. tom. 3 , envoyent leurs enfans dès qu'ils grandiffent , dans des Penfions & des Collèges , c'eft qu'ils ne les aiment pas. »

vous a conduit ; vous vouliez bien engager la Société des amis des Arts de Londres , dite de la Bienfaisance , à s'occuper de la construction de tous mes projets particuliers des jeux artistes : exécution que je regarde en France comme éloignée , avec tous les embarras de notre Législation : Ce seroit-là travailler en même-tems pour votre Royaume , l'Angleterre , la France & tout l'Univers.

Il seroit beau & digne du Génie des Arts , qu'un jeune Prince , venant d'un Pays où ils sont le moins connus , animé par son goût naissant pour eux , contribuât ainsi à les répandre , par une méthode infaillible , chez tous les habitans de la terre.

Honorez-moi , Grand Prince , de votre réponse , afin que je puisse concourir à vos nobles desseins , & satisfaire mes vœux les plus chers que vous venez d'aggrandir par votre glorieux projet.

Mais permettez-moi , en attendant que nous nous occupions des Arts qui ne nous élevent qu'un peu au-dessus de la matière , que je vous supplie , pour la prompte exécution du burin du bon livre , enseignant la Science des Sciences, qui surpasse & éclipse toutes les autres , de le faire imprimer vous même à Londres en lettres de main , pour servir de leçons d'écriture & de morale ; dépense au-dessus des moyens d'un particulier & peut-être même aujourd'hui de l'État François.

Vous pourriez aisément faire orner cette édition des nouvelles Estampes de la Bible , par Mariller , relatives à mes extraits , pour en rendre les sujets plus expressifs encore ; quoique la concision de leur rédaction leur prête une force des plus tou-

chantes, & qu'avec moins de paroles que le texte, ils parlent tellement au cœur que quelquefois on ne peut en achever la lecture. Ces extraits auroient pû déja être le Catéchisme & le Bréviaire des Peuples, si un Imprimeur célèbre, auquel je les avois adressé, ne me les eût retenu dans la crainte que leur publication ne nuisît à la superbe & immense édition de la Bible qu'il avoit entreprise.

La première Estampe de mes extraits feroit une allusion sensible, avec la protection visible de Dieu sur vous, si l'on vous y représentoit, dans l'âge intéressant où vous êtes, à la place du Jeune Ismaël, conduit vers Londres, aux sources de l'instruction, par l'Ange tutélaire que le Seigneur vous a envoyé : Voilà comme je désire ramener la religion aux sentimens humains qu'elle doit diriger.

Mais, pour ajouter un nouvel intérêt à cet ouvrage & lui donner un nouveau moyen de s'inculquer dans l'esprit des hommes, aussi bien qu'il l'est dans votre cœur, vous pourriez le faire imprimer, interlinéairement, en trois langues, la vôtre, l'Angloise & la Françoise : il feroit ainsi utile à trois Nations en général & en particulier, & serviroit aux principaux buts de la politique & de la religion, qui font de rapprocher & d'unir les hommes. Mon cœur preffentoit cette heureuse rencontre quand je difois, dans ce deffein, au Prospectus de ma Doctrine de la Bible : La grande cherté de cet ouvrage, étant ainsi buriné à laquelle je défirois ajouter encore par des figures, m'en a fait laiffer l'exécution, pour fervir à l'Éducation de quelque Prince, & en même-tems à celle de fa Nation ; fi l'on vou-

loit suivre pour lui le bel exemple des compa-
gnons de vertu qu'on donné à Cyrus enfant,
dans ses jeunes sujets.

Honneur & gloire à l'homme humain & sage
qui a mérité la confiance d'un pere & d'un Roi,
pour lui commettre l'instruction de son fils ; gloire
& félicité à un pere si heureux d'avoir trouvé un
tel ami & d'avoir un fils qui réponde si parfai-
tement à de sentimens si tendres & si généreux.
Que la bénédiction du Ciel accompagne ainsi tou-
jours leurs soins dans la prospérité d'un objet si
précieux. Tels sont les vœux que forme pour vous
celui qui a l'honneur de se dire,

TRÈS-SAGE PRINCE,

Votre très-humble & très-
obéissant Serviteur,

DHUPAY.

A ma Campagne de Généralif.

A Fuveau, Département des Bouches
du Rhône, 15 Mai 1792.

EFFET

DU RÉGLEMENT D'ÉDUCATION

NATIONALE,

Mis à la portée des Mères.

» Le plan de leur vie, conforme à la nature.
Etudes de la Nature, t. 3. pag. 441. 3ᵉ. éd.

Promenade.

Elle récrée l'efprit ; mais elle doit être rare & longue à la campagne, pour ne point devenir monotone, & pour faire affez connoître la nature & fes voifins. A la ville elle fera journalière, pour refpirer un air libre & pur.

La variété des plantes & des points de vue doivent être fes objets, avec le fpectacle des arts, quand il y a lieu ; afin d'en infpirer aux enfans le goût de bonne heure, comme furtout de la botanique & de la perfpective, dont l'une intéreffe à la terre , & l'autre accoutume à regarder le ciel , qui en eft néceffairement la moitié phyfique & morale.

Les enfans auront un herbier en quatre parties , pour le potager , le parterre , le bof-quet & les bois qu'ils rempliront au hazard pour s'amufer , & au bas des pages duquel ils feront écrire par leurs mamans les noms vulgaires des plantes , en attendant ceux des favans.

Une petite chambre obfcure portative leur repréfentera à volonté les belles vues de leur promenade , pour leur donner une idée ré-pétée de l'ordonnance des images , & de la manière de deffiner de la nature.

Travail au Jardin.

Il fortifie & donne de l'activité , avec le goût de l'utile & de l'agréable de la campagne , le premier de l'homme & du citoyen ; ainfi on fournira aux enfans tous les outils du jar-dinage à leur portée , afin de les y engager.

Pour les attacher même aux grandes opé-rations de l'agriculture par d'agréables récréa-tions , je voudrois qu'on leur fît des plans en relief & mobiles de tous fes travaux dans leur proportion exacte, de la même manière qu'on avoit appris l'art des fortifications au jeune prince élève de Condillac ; ainfi ils

s'exerceroient en jouant , à former artificielle-
ment dans leur cabinet toutes les plantations ,
& à donner à la terre les diverses cultures.

Ils pourroient même prendre une idée ache-
vée des effets de cet art par l'inspection d'un
porte-feuille rempli de plans de fermes bien
ordonnées & de jardins bien tenus ; mais
sans leur offrir des exemples du singulier ni
du luxe qu'on doit toujours éloigner de leurs
yeux ; ce seroit là autant de stimulans des
goûts actuels de leur Jardin & à venir de leur
métairie.

Travail des mains domestique.

En instruisant de l'économie , il y sert ; il
amuse & flatte les enfans ; il profite à leurs
mœurs , en réunissant habituellement toute
une famille. On doit l'égayer par le récit ou
par la lecture de quelques contes & des nouvelles publiques ; par quelques chansons inté-
ressantes morales & pieuses , dont les airs
pourront être répétés par une sérinete à contre-
poids , à défaut d'autre instrument , soit pour
les leur rappeller agréablement ou pour les leur
mieux apprendre ; cette recréation pendant
leur travail , les y excitera & leur donnera
de l'oreille , base indispensable de la musique ,
de la danse & jusques de la morale , par ses
leçons qu'elle grave de la manière la plus

touchante, ou par le feul effet de l'harmonie, qui a tant de rapport avec le goût de l'ordre.

Mais pour perfectionner la férinete & éviter l'interruption de la reprife de l'air, caufée par la différence du chemin de ceux qui entourent le cylindre ; j'ai imaginé d'en faire un conique pour y ranger les airs proportionnellement à leur longueur.

Avec un maître de mufique fi complaifant & fi précis, il faudroit donner aux enfans toute forte d'inftrumens monotones, qui ne demandent aucun art pour les toucher ou pour les emboucher, afin qu'ils s'exerçaffent naturellement à l'intonation & à l'harmonie avec ces inftrumens, comme ils le feroient avec la voix.

Pour revenir au travail des mains d'une maifon, en étendre & en augmenter le goût dans les enfans, il eft fort utile de les exercer à faire des petits effais en tout genre de l'économie domeftique, avec des outils proportionnés à leurs mains, ainfi qu'une grande Reine *la bonne Charlotte* a exercé les princes fes fils, pour leur faire connoître par expérience le prix du pain, depuis le défrichement d'une terre jufqu'à la boulangérie inclufivement, ou comme Pierre le grand s'exerça lui-même, pour connoître tous les arts néceffaires à fon royaume. Ainfi nos enfans qui ne font pas de meilleure maifon que ces gens là, & qui le
plus

plus fouvent auront à en foutenir ou à en relever de très pauvres, apprendront quelquefois à faire le pain, à préparer certains mets, à conduire une pièce de vin, à faire une petite leffive, à teiller le chanvre, à carder la laine & le coton, à les filer & à dévider la foye, à tailler enfin leurs habits, à les coudre & leurs chemifes.

Se rendant utiles par là, en partie au moins, à leur maifon, ou à la boutique de leurs parens, dans leurs métiers particuliers, dont on leur fournira des établis commodes, ils s'inftruiront en s'amufant, & en s'exerçant encore au noble prix de l'eftime & de la gloire qu'on paye fi volontiers à des enfans qu'on voit s'exercer à tant de chofes utiles.

J'obferverai ici que la plupart de ces travaux, qui font particuliérement deftinés pour les femmes, ne doivent pas être ignorés des hommes, pour être en état au befoin, d'aider ou de fuppléer à la direction de leurs compagnes ; de même que celles-ci doivent être inftruites au moins de tous les nôtres, quant à l'économie du dehors de la maifon, pour pouvoir nous remplacer par l'intelligence & la direction, & nous aider quelquefois de leurs confeils, que leur tendreffe a rendu fouvent fi importans dans des profeffions encore plus relevées & dont la nature femble davantage les éloigner. Ce concours d'intelligence & de foins eft ce qu'il y a de plus propre à refferrer les liens d'amitié des deux fexes qui, fuivant une expreffion de Plutarque, feroient teints en laine par une pareille éducation uniforme ; il eft fûr qu'ils auroient réciproquement plus d'indulgence, de reconnoiffance & d'amour, pour des foins dont ils connoîtroient mutuellement la valeur.

Jeux d'Exercice pour chaque faifon.

Ils égayent & diffipent les humeurs des enfans, en liant finguliérement leurs cœurs ; parce qu'ils les mettent continuellement à l'uniffon du plaifir. Il eft donc très-jufte de procurer à fes enfans autant de ces jeux qu'on le peut, parce qu'ils contribuent non feulement à les rendre unis, mais encore très-adroits & vigoureux.

Mais pour leur en donner une idée fenfible à défaut d'exemple vivant, il faudroit leur former un recueil d'eftampes de toutes les gradations de ces divers exercices, & principalement de la danfe, de l'équitation & de l'exercice militaire On pourroit faire pareillement des eftampes de certains autres exercices qu'une fimple explication ne pourroit mettre à la portée des Meres, & les tous rangés dans le recueil, fuivant leur ufage dans chaque faifon, pour en apprendre encore mieux la convenance naturelle aux enfans, afin de leur ménager la santé & leurs forces pour les mieux développer & leur mieux fervir.

Inftrumens & machines de phyfique & mathématique.

Ils ouvrent l'efprit, par leur fimple & ingénieufe évidence ; fur-tout en l'invitant à l'inftruction, fans le fecours des maîtres & feulement par leurs effets.

Des pièces mobiles d'architecture ruftique, hydraulique, civile & navale, font bien plus aimer & comprendre les proportions géométriques, que les feches leçons d'un géometre, avec fon langage algébrique, qui le fait paffer aux yeux d'un enfant & même à ceux d'un homme raifonnable pour un négromancier.

Ce furent ces machines & non des maîtres qui créerent les Vaucanfon, les Wattelet & les Pafcal, ainfi que tous les grands hommes, depuis Charles XII jufqu'à Klyog le payfan philofophe. Il faut donc en faire voir aux enfans autant qu'on peut, leur en conftruire de petits modèles, ou leur en montrer au moins des peintes dans l'utile récueil des *Conftructions mathématiques*, in 4°. accompagné de courtes explications. Cet ouvrage prouve que le génie bienfaifant de l'inftruction eft auffi ancien que le monde ; mais en même temps une vérité bien odieufe pour les favans : c'eft qu'ils ont été jaloux ou indifférens d'en recommander les inventions fi propres à multiplier leur nombre. Qui le croiroit ! la méthode de Berthaud , pour apprendre à lire , reconnue il y a quarante ans par l'Académie françoife pour être la plus avantageufe que l'on pût fouhaiter pour l'éducation & même pour le progrès des fciences, n'eft parvenue que depuis quelques années en province , & encore elle n'eft pas généralement connue.

Imprimerie à travers des gravures à jour.

Imprimer ainfi les figures & les caractères de la nouvelle méthode d'apprendre à lire par Berthaud, en feroit un nouvel ftimulant qui feroit que les enfans s'inftruiroient d'euxmêmes à deffiner, à lire & à écrire, fi on ajoutoit des lettres de main fous celles d'imprimerie, au bas du tableau de chaque figure, du nom defquelles elles font l'écho. (*)

Ces impreffions , faites d'abord en rouge

(*) Un chapitre de Quintilien fur la Mémoire, a fans doute donné à Berthaud l'idée de fon admirable invention pour apprendre aifément à lire, & ce que le même Quintilien enfeigne, pour apprendre facilement à écrire , juftifie à merveille ce que je dis ici, pour rendre agréable l'un & l'autre exercice.

par les *élèves*, feroient couvertes enfuite par eux en noir, foit à la plume ou au crayon, ou même au pinceau, pour leur apprendre à manier plus légerement les deux premiers inftrumens.

Les enfans pourroient par le même moyen s'a-mufer à connoître & à tracer tous les fignes, notes & figures élémentaires du deffein, de la mufique, de la géométrie, de l'arithmétique & de l'algèbre, pour leur donner plus de facilité un jour dans les commencemens de l'étude de ces fciences ; application qui en éloigne ou en rebute la plupart.

On pourra faire quelque jour une preffe tranchante, pour faire à bon marché de ces gravures à jour ; comme on pourroit mouler en carton ordinaire ou pierreux & en plomb toutes les pièces d'Architecture, dont j'ai parlé dans l'article précédent.

Géographie.

Nos enfans l'apprendroient encore d'eux mêmes très-aifément au moyen des gravures à jour. On pourroit ajouter au moyen expref-fif de ces feuilles, celui du parquetage, déja inventé, pour faire mieux diftinguer les limites de chaque département du royaume, ou des provinces des autres États ; ce qui four-niroit un amufement de plus aux enfans, en

les obligeant à arranger les pièces des gravures
à jour, pour les imprimer & en former leurs
cartes générales, comme veut Rousseau,
mais d'une manière bien plus difficile & plus
grave.

Ils imprimeroient ainsi un planisphère orné
des arbres & des animaux particuliers à chaque
région, des villes principales & des costumes
de leurs habitans, ainsi que des rivieres &
des montagnes majeures. Les degrés n'y seroient
désignés que par quelques très-petits points,
& un peu plus gros pour les zones.

La Carte générale de France de Cassini
serviroit à tracer les détails de chaque département pour ses élèves, en faveur de qui on
feroit encore une carte générale de leurs dis-
tricts, dans laquelle seule on marqueroit les
maisons de campagne.

Copie de beaux & bons manuscrits.

Ce moyen est le plus propre à former une
belle plume & à graver des bons principes
dans le cœur ; témoin la manière qu'employa
le Vicaire Savoyard, dans l'éducation de J.
J. Rousseau, que celui-ci continua tant à son
avantage, & que Quintilien recommande
formellement dans son Orateur. Les exemples
de morale & d'écriture au burin, formés de
mes extraits de la doctrine de la Bible, que

se propose au prince de Robana de faire
faire, rempliroient d'une manière essentielle
agréable cet objet.

Déclamation dialoguée en Société.

Ce sera par des lectures de pièces de théatre,
où chacun fait son rôle particulier, pour s'a-
nimer d'avantage à la prononciation, & par
occasion à l'exercice de la mémoire, afin d'en
augmenter l'effet, en récitant par cœur certains beaux endroits. Un élève peut s'exercer
seul à déclamer ainsi une fable de la Fontaine
& à retenir au moins le vers de la morale.
Ainsi, dit Quintilien, le travail deviendra
très-léger, si l'on ne se propose d'abord
qu'une tâche médiocre & que l'on choisisse
quelque chose qui plaise à l'esprit.

Mœurs.

La charité nourrie dans les enfans, par
tous les actes de bienfaisance, est la base des
mœurs ; car l'humanité est le principe de la
sagesse & de la vertu : elle est le contraire de
tous les vices. Avec ce moyen, si facile à
exercer auprès de l'âge de l'innocence, on ne
négligera point de fournir le modèle de l'e-
xemple. On lui en procurera des images par-
faites dans l'estampe périodique *de l'héroïsme
étranger & national* que l'on placera dans la

lieu le plus diftingué de chaque maifon ; comme on devroit le faire à l'entrée de tout endroit public.

Piété.

C'eft la préfentation continuelle de nos actions à la fanction de notre Roi fouverain , de notre pere éternel ; elle doit préfider & accompagner toutes nos courtes & paffageres journées, deftinées à lui plaire.

Il faut lui en demander fans ceffe la grâce ou implorer fon pardon , de n'avoir pas fuivi fa volonté, gravée, comme fon nom redoutable & faint , fur toutes les pages du livre de la nature.

Une lecture le matin d'un de mes extraits de la Doctrine de la Bible , & le foir d'une de fes Prières , rempliront fuffifamment l'objet de ce culte naturel parmi nos enfans. C'eft ainfi qu'on ne fauroit trop répandre , fuivant Ciceron , une religion qui eft fondée fur la connoiffance de la nature , & ôter en même temps les racines de toute fuperftition.

Civifme.

Le premier ufage qu'un garçon ou une fille , deftinés également à être citoyens & à en former, fairont de leurs talens naiffans , dans les beaux arts & dans les exercices du corps, doit être de s'effayer, par eux , à l'art

noble de la gloire, qui confiſte à mériter l'eſ-
time & l'amitié de ſes camarades, ou de ſes
concitoyens; ce qui eſt le vrai civiſme. (*)

Rien ne peut mieux ſervir à cet effet que
des établiſſemens dans chaque Commune pour
l'âge le plus tendre, pour les deux ſexes, &
pour tous les âges même, où chaque indivi-
du ſoit obligé d'aller s'exercer aux divers arts
du plan d'Education Nationale, afin qu'on
puiſſe noter pour le bien du public, ceux
qui y auroient les meilleures diſpoſitions ; ce
qui ſeroit également propre à exciter l'émulation générale & à prévenir l'indolence particulière : objet que n'avoient pas nos anciens
jeux avec leurs beaux prix, qui n'étoient
propres qu'à exciter l'orgueil & l'avarice, les
principales ruines de la Société.

Le vrai prix d'un peuple vertueux & éclai-
ré eſt celui de ſe rendre digne des divers em-
plois de l'économie publique, & même d'y
préſider ſouverainement, ſuivant l'uſage de

(*) » Leur Inſtruction peut être Domeſtique & particulière,
dit Rouſſeau. *Réforme du Gouv. de Pologne* ; mais leurs
jeux doivent être publics & communs à tous ; car il
ne s'agit pas ſeulement ici de les occuper, de leur
former une conſtitution robuſte, de les rendre agiles &
découplés ; mais de les accoutumer de bonne heure à la
règle, à l'égalité, à la fraterntié, aux concurrences, à
vivre ſous les yeux de leurs concitoyens, & à déſirer
l'approbation publique. »

bien de nations fenfées, quoique moins po-
licées que nous.

Au moyen de ce plan d'Éducation Artifte à
la portée de tout le monde, chaque pays
pourra réunir fes enfans & même des élèves
de tout âge, au terme du premier cours de leur
inftruction par jeux, afin de les exciter par
leurs premiers fuccès & par l'effet du concours
public, à mériter encore mieux un jour dans
le fecond période de leur éducation & dans
tout le cours de leur vie, l'eftime & la confidération publique, à l'exemple de cette ver-
tueufe & fimple république de Sparte, qui
témoignoit d'une fi charmante manière cette
noble émulation, dans une chanfon qui ac-
compagnoit une danfe commune à tous les
âges, & où les vieillards difoient d'abord:

Nous avons été jadis
Jeunes, vaillans & hardis.

Les hommes chantoient enfuite:

Nous le fommes maintenant
A l'épreuve à tout venant.

Venoient enfin les enfans, qui leur répon-
doient de toute leur force:

Et nous bientôt le ferons
Qui tous vous furpafferons.

Tel eft le modèle fimple que je voudrois
que l'on prit pour ces nouveaux Jeux Olim-
piques, où fûrement l'on pourroit dire avec
Voltaire:

» Le plaifir de l'efprit paffe celui des yeux. »
bien-que le beau fexe y concourût avec le
nôtre , pour mériter une eftime & un atta-
chement inviolables fondés fur le goût des arts
& l'amour de la vertu.

Lecture.

En terminant ce plan d'éducation , prélude
dont elle eft le férieux, elle retracera à l'efprit
de nos enfans & à leur cœur toutes les notions
de leurs exercices & de leurs Jeux , ainfi que
tous les fentimens de leur conduite ; or *plus
l'ébauche d'un ouvrage eft exacte , plus il eft aifé
de l'achever & de le bien finir ; les jeunes gens
apprennent dans la fuite d'eux-mêmes & favent
affez bien fe diriger , en copiant, en imitant ,
lorfque dans le commencement ils ont été bien
dirigés.*

Le goût de nos élèves , difois-je dans le
Réglement , aiguifé par la Lecture & développé
par l'exercice continuel des Jeux Artiftes , les
portera à mieux connoître leurs talens particuliers , que fi on les privoit de ces occafions
multipliées d'exercer leur jugement ou leur
propre expérience d'une manière auffi agréable
& auffi libre ; *car un élève à qui on donne leçon
d'une fcience prend rarement du goût pour elle* ;
& Montagne difoit : » voici mes leçons ; celui-
» là y a mieux profité qui les fait que qui les
» fçait. »

CATALOGUE

DE LA BIBLIOTHEQUE

PATRIOTIQUE

Pour ce Plan d'Éducation nationale.

> » Je trouve ici ce que j'aime, la préfence
> » de mon fils, des livres. »
> *Miff. Cleveland dans la Caverne de Rhumney-hole.*

Langue.

SYSTÊME nouveau d'écriture par feu M. Berthaud.

L'art de l'écriture fimplifié, par M. Brazier.

Grammaire des Dames, ou principes sûrs de bien ortographier & de bien prononcer, par le chevalier de Punay.

Tableau analitique de la langue françoife, fuivi d'autres tableaux deftinés à apprendre les principes de cette langue aux enfans, par le moyen d'un jeu.

Méthode logicofynoptique à l'ufage des per-
fonnes de l'un & de l'autre fexe, pour leur
apprendre la méthaphyfique des langues & la
logique, avec un jeu, pour la communiquer
aux enfans, par M. Collenot d'Angremont.

La véritable méthode d'apprendre une langue vivante ou morte, par le moyen de la
langue françaife ; avec la grammaire françaife,
italienne & angloife dans le même fyftême.

Démonftration & pratique de la nouvelle
méthode d'enfeignement des langues, comme
la feule raifonnable admiffible à l'exclufion de
toute autre actuelle ou poffible.

Syftême de prononciation figurée applicable
à toutes les langues, & exécuté fur les langues
françoife & angloife.

Logique françoife pour préparer les jeunes
gens à la Rhétorique, par M. l'abbé de Hau-
checorne.

L'art de bien écrire en françois, par Mr.
de Bauvais.

Morale.

L'héroïfme étranger & national ; eftampe
périodique.

Catéchifme pratique, fuivi de nouvelles
hiftoires & paraboles.

Le Mentor des enfans. L'ami des enfans:
Des Adolefcens.

Sandfort & Mentor. Le petit Grandiffon;

Le Magasin des Enfans. Etrennes d'un pere.
Les veillées du Château. Le nouveau Robin-
son. La Découverte de l'Amérique. La Phy-
sicologie de l'ame. La Morale en action.
Les Conversations d'Émilie. Le zélé compa-
triote. Cours de Morale poétique. Mille &
une nuit. L'Isle inconnue. Fanfan & Lolotte.
Numa Pompilius. L'Odissée. Paul & Virginie.
Estéle. Galatée. Le Paradis Perdu. La Mort
d'Abel. La Jerusalem délivrée. Cecilia.
Evelina. Sigeward. Sophie-Sthernéim. Caro-
line. Williams-Harrington. Aspasie. Léonard.
La Paysane de la forêt des Ardennes. Tableau
du monde de M. Richer. Zelie dans le désert.
Cléveland. Grandisson. Thelemaque. Adele &
Théodore. Le modele des jeunes gens. Le
Thévenon. Le Vicaire de Wakelfield. Don
Quichotte. Les meilleurs Théatres. L'Année
Sainte.

Géographie.

Description des principaux lieux de la France,
   relative à la nouvelle division , par M. De-
   laure.
Pieces d'Optique des principales Villes du
   monde & des lieux les plus remarquables
   de la Suisse , de l'Italie & de l'Angleterre.
Carte physique & historique de la France pour
   les nouveaux Départemens.
Mappemonde ; tableau du genre humain.

Dictionnaire Hydrographique de la France,
avec une Carte relative, par M. Moithey.

Description Géographique & Hydographique
de la France, d'après sa nouvelle division,
par M. Deck.

Nouvelle Uranographie ou méthode très-fa-
cile pour connoître les Constellations, avec
une grande Carte, par M. Ruelle.

Collection Abrégée des voyages autour du
monde, ou Recueil de tout ce qui peut in-
téresser le Philosophe & la Naturaliste, par
M. Berenger.

Esprit des usages & coutumes des différens
peuples par M. Meunier, traducteur du vo-
yage de Cook.

Musique. Exercices.

Elite de Chansons & Ariettes décentes, dé-
diées aux jeunes Demoiselles. *A Lyon.*

Essai de Poésies Lyriques & de Cantates
spirituels.

Elémens de Musique-Pratique, par M. Thiemé.

Solfeges pour apprendre facilement la Musique, par M. Bayeux.

Méthode de Guitharre pour on apprendre seul,
par M. Corbellin.

Méthode de Harpe pour s'apprendre seul, par
le même.

L'Art de Nager, par un Plongeur.

Traité d'Equitation.

Exercice Militaire National.

Dictionnaire de Danse.

Jeux d'Exercice.

Histoire Naturelle & Mathématique.

Abrégé de l'histoire Naturelle , imité de l'Allemand.

Porte-feuille des Enfans , recueil d'Estampes.

Amusemens physiques & différentes expériences , par M. Pinetty.

Nouveaux extraits de l'Histoire Naturelle de Pline , par M. Gueroult.

Dictionnaire des merveilles de la Nature , par M. Sigault. 2 vol. in-8°.

Le génie de Buffon , ou Précis de l'Histoire Naturelle.

Leçons élémentaires de Mathématiques , contenant les principes de l'Arithmétique , de la Géometrie , de l'Astronomie , des Météores , Méchanique & Algèbre en forme de Dialogues , par M. P. de l'Académie de Châlons.

Dictionnaire raisonné de toutes les parties de la Physique , nouv. édit. ornée d'un vol. de planches servant à toute sorte d'expériences & de récréations physiques , par M. Brisson. 3 vol. in-4°.

Essai d'Arithmétique , avec une méthode infaillible pour apprendre à compter facilement

ment aux jeunes gens des deux fexes ; par
M. Vofdey Mᵉ. Ecrivain.

Traité de la conftruction des Bâtimens , par
M. Mourroy.

Traité d'Architecture pour les ornemens exté-
rieurs & intérieurs avec la manière de deffiner les plans & un cours de perfpective ;
fuivi des plans d'études relatifs à l'Architecture , par M. C. Dupuis.

L'Art des Arpenteurs , rendu facile , avec la
pratique du nivellement , par M. Didier.

Moyens pour accourcir les opérations de la
perfpective , par M. Lahure.

Dictionnaire d'Hiftoire Naturelle de Bomare ;
édition 1791.

Dictionnaire des Arts & Métiers.

Economie domeftique & champêtre.

Maifon Ruftique. 2 vol. in-4°. 1791.

Manuel des Champs ou Recueil inftructif &
amufant pour vivre à la campagne , avec
aifance & agrément, en 4 vol.

Année rurale , ou Calendrier des travaux des
cultivateurs , avec les nouvelles découver-
tes en agriculture.

Bibliothéque Phyfico - Economique. Ouvrage
périodique.

Tréfor des Laboureurs dans les oifeaux de
baffe-cour.

La fille de basse-cour.

Education des Abeilles pour le climat de Provence.

Nouveau traité des sereins , contenant leur éducation , inclinations & maladies , avec un traité du rossignol.

L'Aviceptilegie ou Chasse des oiseaux.

Moyen de conserver le gibier par la destruction des oiseaux de proie, par la pipée & autres chasses.

Economie rurale & civile , ou moyens les plus économiques de faire valoir toute espèce de biens & de régler sa dépense , de connoître les préjugés , erreurs , fraudes & falsifications des ouvriers , 5 vol.

Régle méthodique ou la comptabilité du Régisseur réduite à ses vrais principes : dans laquelle toutes les parties qui composent la recette d'un domaine sont mises dans une opposition perpétuelle avec la dépense, & sont comparées année par année.

Lettre d'un Négociant à son fils sur les plus importans objets du commerce.

Santé.

Méthode de traiter toutes les maladies , par M. Vachier. Ouvrage en 14 vol. supérieur à la Médecine domestique de Bucham ; le meilleur Traité de pratique , méritant récompense à son auteur.

L'art de conferver la vie en prolongeant la
santé.

Effai fur le choix & la nature des alimens ,
fuivant les différentes conftitutions , & rè-
gles pratiques fur les diverfes conftitutions
& maladies, par Alburnoth.

Etrenne aux vivans ou l'art de vivre agréablement, fans nuire à fa fanté.

Médecine des hommes , depuis l'âge de pu-
berté jufqu'à l'extrême vieilleffe.

La Médecine des Dames ou l'art de fe conferver en fanté , par l'auteur du précédent ouvrage ; l'un & l'autre de 500 pag. chacun.

Le Médecin Philofophe , ouvrage utile à tout
citoyen , ou Manière de guérir , puifée dans
les affections de l'ame & la gymnaftique.

Avis confervateur du citoyen fur la caufe des
maladies violentes & des morts imprévues,
par M. Andrieu.

Mémoire fur les maladies contagieufes , par
quels moyens elles fe communiquent & des
procédés les plus sûrs pour arrêter les progrès de fes contagions , par M. Pikler.

L'art de faire ceffer la pefte ou les épidémies
les plus terribles , par M. Lagier , Docteur
en Médecine de Montpellier.

Cours d'Accouchement en forme de Catéchifme , par M. Telignac.

Les enfans élevés dans l'ordre de la nature ,
par M. de Fourcroi.

Education physique des enfans en bas âge ;
par Deseffarts.

Etrennes d'un Médecin, ou Description rai-
sonnée des maladies & des moyens les plus
sûrs & les plus prompts de les guérir & de
les prévenir.

Traité des maladies des oreilles & des yeux,
avec les moyens de s'en préserver.

L'art de soigner les pieds & de guérir les cors
& les verrues.

Avis très-important aux personnes attaquées
d'hernies , par M. le Rouge.

Manunel des rhumatistes & des goutteux.

Manuel pour le service des malades.

La vie de l'homme respectée dans ses derniers
momens ; sur les morts apparentes.

Philosophie.

Abrégé des études de l'homme , fait en faveur
de l'homme à former , par M. Leclerc.

Le Spectateur Anglois.

Plan de lecture pour une jeune Dame.

Les roses de l'éducation ou variété utiles &
amusantes , par un Membre de l'Académie
Françoise.

Etrennes Sentimentales ou Choix de Poésie
& de prose , propre à former le cœur.

Pensées sur différens sujets de morale & de
piété , choisies dans les Sermons de Bossuet.

Les Etudes de la jeunesse ou les Etudes réparées ; cours d'inſtruction , à l'uſage de ceux dont les études ont été interrompues ou né- gligées , par M. Montalon , Membre du Muſée de Paris.

Catéchiſme de l'homme ſocial , par M. Du- val-Pirau.

Eſſai ſur la Nature champêtre , Poëme.

Les Jardins , Poëme.

Les Géorgiques , traduites par M. Delille.

Nouveau Précis de l'Hiſtoire d'Angleterre , par M. Mentelle.

Les Fables de la Fontaine.

Les Œuvres d'Hamilton.

Les Contes de Marmontel.

Hiſtoire du vieux & nouveau Teſtament , avec des applications édifiantes , par M. Royaumont.

L'exiſtence réfléchie , ou Précis des Nuits d'Young , par une Dame.

Lilles ou Contes champêtres , par Mlle. Le- veque.

Penſées philoſophiques ſur l'homme , ſur la nature & ſur la religion.

Eſſais hiſtoriques ſur les mœurs des François.

Le bonheur dans les Campagnes. Nouv. édition.

Conſidérations philoſophiques ſur les mœurs , les plaiſirs , & les préjugés de la Capitale.

Abrégé de l'Hiſtoire Univerſelle , par M. Rouſ- tan , 9 vol. in-12. L'auteur y fait mar- cher de front l'Hiſtoire Ancienne & moderne. Les faits font rendus d'une manière énergique & très-rapide , fans beaucoup de réflexions.

Table raifonnée de l'Encyclopédie.

L'efprit des Journaux , ouvrage périodique ; le feul qu'on réimprime.

Du gouvernement des mœurs.

De la folitude , touchant fes avantages par rapport à l'efprit & au cœur.

De l'importance des opinions religieufes.

Méditations pour chaque jour de l'année.

Théorie & Pratique des droits de l'homme ; par Th. Paine.

Généralif, Maifon Patriarchale & champêtre ; avec cette épigraphe : *Qui fait aimer les champs , fait aimer la vertu.*

Projet de Communauté philofophe , publié en 1777 , avec cette épigraphe des Réflexions de Rouffeau fur la Réforme du Gouvernement de Pologne : *je vais penfer à une douce & paifible fociété de freres , vivant dans une concorde éternelle , tous conduits par les mêmes maximes , tous heureux du bonheur commun.*

Le plan de la Maifon de réunion de cette Communauté philofophe eft terminé par ces traits qui annonçoient le fort de mon projet dans le tems de fa publication , & peignoient celui de la révolution philofophique de nos jours, qu'on auroit traitée alors d'auffi chimérique , bien qu'elle n'en foit qu'un dégré : » Un Lé-

» giflateur qui ne voudroit peupler que pour
» avoir des foldats , avoir des fujets que
» pour foumettre des voifins , feroit un
» monftre ennemi de la nature. Mais celui
» qui , comme Solon, feroit éclorre une Ré-
» publique , dont les effains iroient peupler
» les côtes défertes de la mer ; celui qui com-
» me Pen , ordonneroit la cultivation de fa
» Colonie, & lui défendroit la guerre ; celui-là
» fans doute , feroit un Dieu fur la terre :
» Quand même il ne jouiroit pas de l'immor-
» talité de fon nom , il vivroit heureux &
» mourroit content.

» Lycurgue eft le feul entre tous les Princes
» que nous offre l'hiftoire , qui ait ofé éta-
» blir entiérement le gouvernement le plus
» humain , parce qu'il retrace le mieux la
» vigilance & l'amour d'un pere : c'eft pour-
» quoi l'oracle de la Pithye appelle le Lé-
» giflateur de Sparte , *aimé des dieux, & Dieu*
» *plutôt qu'homme, & que fa république pafferoit*
» *pour être la meilleure & la plus parfaite qui*
» *fut en tout le monde ;* mais les Rois ont pré-
» cédé les Légiflateurs ; Thefée régna dans
» l'Attique avant que Solon lui donnât fes
» loix : Sparte avoit été foulée par des ty-
» rans avant que Lycurgue lui donnât les
» fiennes : »

Ces exemples d'un excellent gouvernement furent trop peu étendus pour in-
fluer fur les autres peuples , & leurs Légiflateurs négligerent trop d'éclairer l'ame de leurs
citoyens , pour leur faire appercevoir fans
ceffe l'excellence de leur Conftitution & la
faire goûter aux autres peuples.

Dès que l'Éducation préfentera également à tous un certain nombre d'objets, d'ufages, d'exemples, d'abus à éviter, il en réfultera néceffairement une impreffion uniforme, qui produira une reffemblance d'idées, de fentiment & de goût ; de cette conformité naîtra l'Efprit & le Caractère National.

Dans cette vue, j'ai penfé que ce Catalogue de livres élémentaires pourroit fervir pour une Bibliotheque Patriotique dans chaque Commune, & entre quelques particuliers, pour l'Éducation de la Jeuneffe, ou pour l'inftruction des Citoyens, que l'ancienne Éducation avoit empêchée en eux.

J'ai formé un autre vœu pour arrêter des ravages non moins funeftes pour la Patrie que ceux de l'ignorance ; c'eft l'établiffement d'un Lazaret en tous les lieux du Royaume pour préferver du fléau de la petite vérole, foit que cette maladie foit fpontanée ou non.

Telle feroit la caution la plus digne du Ciel & de l'Humanité que je lui avois demandée à la fin du Réglement pour la bonté de mes vues dans mon expérience d'inoculation fur mes cinq enfans, en m'en refufant le fuccès.

F I N

Du Réglement d'Éducation Nationale mis à la portée des Mères.